Medo e vitória nos mares

Para as sempre queridas Heloísa Ramos e Fanny Amado.

Medo e vitória nos mares

PERIGOS REAIS E IMAGINÁRIOS NAS NAVEGAÇÕES

Janaína Amado

Luiz Carlos Figueiredo

5ª edição – reformulada

SARAIVA Educação S.A.
Avenida das Nações Unidas, 7.221 – Pinheiros
CEP 05425-902 – São Paulo – SP
www.editorasaraiva.com.br

Tel.: (0xx11) 4003-3061
atendimento@aticascipione.com.br

CIP-BRASIL. CATALOGAÇÃO NA PUBLICAÇÃO
SINDICATO NACIONAL DOS EDITORES DE LIVROS, RJ

A494m
5. ed.

Amado, Janaína, 1947-
Medo e vitória nos mares : perigos reais e imaginários nas navegações / Janaína Amado, Luiz Carlos Figueiredo. - 5. ed. - São Paulo : Atual, 2013.
32 p. : il. ; 23 cm. (Nas ondas da história)

Inclui bibliografia
ISBN 978-85-357-1862-1 / 978-85-357-186 (professor)

1. Descobertas geográficas - História - Literatura infantojuvenil. 2. Viagens marítimas - História - Literatura infantojuvenil. I. Figueiredo, Luiz Carlos. II. Título. III. Série.
13-01280 CDD: 910.9
CDU: 910.4

Coleção *Nas Ondas da História*

Créditos da nova edição

Gerente editorial: Rogério Carlos Gastaldo de Oliveira
Editora-assistente: Solange Mingorance
Auxiliares editoriais: Flávia Zambon, Amanda Lassak e Laura Vecchioli
Estagiária: Gabriela Damico Zarantonello
Pesquisa iconográfica: Tempo Composto
Projeto gráfico: Conexão Editorial
Produção editorial; diagramação e capa: Todotipo Editorial
Suplemento de atividades: Janaína Amado e Luiz Carlos Figueiredo
Vinhetas das páginas 5, 18 e 24: Detalhe do mapa de Abraham Ortelius (1527-98) da Islândia, do "Theatrum Orbis Terrarum", de 1570. © Royal Geographical Society, Londres.
Imagens da capa (da esquerda para a direita): The Stapleton Collection / Service Historique de la Marine, Château de Vincennes, Paris / Biblioteca Nacional, Paris / Service Historique de la Marine, Château de Vincennes, Paris / Service Historique de la Marine, Château de Vincennes, Paris / Coleção particular, The Bridgeman Art Library, Keystone

2ª tiragem – 2017

CL: 810668
CAE: 576157

Sumário

1. Os mares desconhecidos

Que monstros terríveis habitam os oceanos? Será que ao sul da linha do Equador as águas do mar fervem, devido ao forte calor? Como os marinheiros podem livrar-se das belas e perigosas sereias que encantam os homens para aprisioná-los no fundo do mar? Os seres das terras distantes, com cabeça de cachorro e pés de cabra, devoram mesmo os humanos? Que rumos os navios devem seguir para evitar os abismos do fim do mundo?

Service Historique de la Marine, Château de Vincennes, Paris

Théodore de Bry (1528-1598), desenhista, ourives e editor, registrou nesta gravura (1592) os monstros marinhos e os peixes voadores que povoavam a imaginação dos navegantes da época. In "Americae tertia pars memorabile provinciae brasiliae historiam contines", 3ª parte das *Grands Voyages* (1595), relato das viagens de Hans Staden.

Essas eram perguntas comuns entre os europeus do século XV. Muitos deles gostariam de explorar terras distantes, mas sabiam pouco a respeito do mundo, dos continentes e, principalmente, dos oceanos. Seus conhecimentos geográficos sobre o restante da Terra resumiam-se a informações imprecisas, misturadas a lendas antigas e histórias religiosas. Por isso, imaginavam que perigos terríveis e monstros horripilantes habitavam as águas e as terras desconhecidas.

Grande parte dos habitantes da Europa conhecia apenas o lugar onde nascera. As viagens eram demoradas, caras e perigosas, e os caminhos, ruins. Para realizá-las, podia ser necessário escalar montanhas e atravessar grandes rios e florestas cheias de animais ferozes e de assaltantes ou, então, regiões desertas, onde era difícil encontrar alimento e abrigo. Por isso, apenas alguns comerciantes, religiosos e aventureiros costumavam fazer viagens de longo percurso.

No século XV, os principais meios de locomoção dos europeus eram as próprias pernas e o cavalo. Quando se tratava de percorrer longos trechos, faziam-se viagens marítimas em barcos a vela ou a remo, que hoje nos parecem pequenos e frágeis. Como não havia instrumentos de orientação que permitissem navegar com segurança, os marinheiros, comerciantes e pescadores preferiam velejar próximo ao litoral, norteando-se pelos sinais em terra. A partir do final do século XV, quando começaram a explorar os perigosos oceanos, com suas tempestades, grandes ondas e correntes, tendo à frente apenas o distante horizonte, os europeus precisaram de muita coragem.

Conhecimentos na Antiguidade

As primeiras descrições mais seguras sobre a Terra às quais os europeus tiveram acesso vieram dos gregos, viajantes curiosos que tinham grande respeito pelo conhecimento. Hecateu de Mileto (*c.* 550 a.C.-*c.* 476 a.C.),

A HISTÓRIA DA ILHA DE ATLÂNTIDA

Desde a Antiguidade, as ilhas encantavam os povos, que as consideravam lugares especiais, moradas de deuses, de santos e de monstros. O filósofo grego Platão (século V a.C.) descreveu uma rica ilha, "maior que a Líbia e a Ásia juntas", chamada Atlântida. Por causa de sua natureza maravilhosa e civilização perfeita, a ilha teria provocado inveja nos deuses, que decidiram destruí-la. Em uma única noite, "por causa de um sismo incomensurável e de um dilúvio [...] a ilha de Atlântida desapareceu [...], afundada no mar" (PLATÃO, 2011).

Durante séculos, Atlântida continuou a ser desenhada em muitos mapas, e numerosas expedições foram organizadas para tentar encontrar a fabulosa ilha submersa.

Ostia Antica

Monstro marinho, detalhe de mosaico dos Banhos de Netuno.

depois de viajar pelo mar Mediterrâneo até a Ásia, escreveu um tratado de geografia no qual apresentava a Terra dividida em três partes, Europa, Ásia e África, cercadas por um único mar, o Oceano.

No século V a.C., o historiador Heródoto (*c.* 484 a.C.-*c.* 425 a.C.), que escreveu vários livros sobre suas numerosas viagens, reuniu notícias sobre uma série de povos monstruosos, uns com cabeça de cão, outros sem cabeça e com olhos no peito, que viviam ao sul do deserto do Saara e não falavam língua nenhuma. Heródoto também se referiu a um imenso oceano, exterior ao mundo conhecido e salpicado de ilhas, que envolvia a Terra inteira. Uma dessas ilhas era a fabulosa Atlântida.

Museu Arqueológico, Sousse, Tunísia

Deus grego Poseidon, Netuno para os romanos, em seu carro puxado por cavalos-marinhos. *Triunfo de Netuno*, mosaico romano no pavimento da Casa de Wado Blibane, Sousse, Tunísia, século III.

A CRIAÇÃO DO MUNDO, SEGUNDO UM MITO GREGO

No início de tudo era o Caos. Surgiram depois Urano (o Céu) e Gaia (a Terra). Desse casal nasceram os Titãs, gigantes com uma força imensa. Um dos Titãs, Oceano, casou-se com Tétis, e dessa união nasceram as três mil Oceânidas, ninfas* marinhas, e os três mil rios do mundo. O mais forte dos Titãs era Cronos (o Tempo). Cronos desposou sua irmã Reia. Com medo de ser destronado pelos filhos, Cronos os devorava assim que nasciam. Mas Reia conseguiu salvar alguns filhos, entre eles Zeus, Poseidon, Hades e Hera. Zeus revoltou-se contra o pai, destronou-o e se tornou o deus supremo. Casou-se com a irmã Hera, dividindo o restante do universo entre os outros irmãos: Poseidon tornou-se o deus do mar, e Hades, o deus dos infernos.

Um dos maiores geógrafos de todos os tempos foi o grego Cláudio Ptolomeu (*c.* 90-*c.* 168 d.C.). Reunindo os conhecimentos geográficos da época, Ptolomeu fez uma descrição extraordinária da Terra. Seus mapas orientaram os viajantes durante séculos. Contudo, expressavam o conhecimento geográfico limitado que ainda se tinha do globo: mostravam duas esferas, a da direita com terras e mares, e a da esquerda vazia, apenas com a inscrição *oceano Ocidental*. A geografia de Ptolomeu foi muito utilizada pelos navegantes árabes, mas na Europa ficou esquecida durante cerca de mil anos, só tendo sido retomada no século XV, quando os europeus começaram a desbravar o oceano Atlântico.

---

* As palavras com asterisco são definidas no Vocabulário, no final do livro.

Os oceanos

O fascínio exercido pelos imensos oceanos, ao lado da dificuldade em conhecer seus segredos, levou muitos povos da Antiguidade a relacionar a origem das águas salgadas com divindades. Os gregos, por exemplo, criaram histórias fabulosas para explicar a origem dos mares — assim como do universo, da vida, da natureza e dos seres humanos.

Poseidon, o deus do mar, casou-se com Anfitrite, filha de Nereu, antigo deus marinho. Desse casal nasceu Tritão, um deus marinho que deu origem aos tritões*. Poseidon era representado com uma lança de três pontas — um tridente —, símbolo da força e do poder do mar. Os gregos, grandes navegadores, davam muita importância a esse deus.

Os romanos da Antiguidade adoravam os mesmos deuses que os gregos, mas davam a eles outros nomes. À deusa grega do amor, Afrodite, por exemplo, chamavam Vênus. Netuno era o deus do mar, e era muitas vezes representado em seu carro em forma de concha, puxado por cavalos-marinhos, e rodeado por divindades que sopravam búzios.

Os mares e oceanos foram para os viajantes antigos não só um permanente desafio, mas também uma fonte inesgotável de inspiração e fantasia.

Museu Arqueológico Nacional, Nápoles

Imagem representando Afrodite, ou Vênus para os romanos, deusa do amor, emergindo do mar dentro de uma concha. Afresco do século I, Pompeia, Itália.

2. Mistérios dos mares

As antigas histórias orais e escritas falando sobre mares e seus deuses e seres fabulosos continuaram a incendiar a imaginação da Europa ao longo da Idade Média e do Renascimento. No final do século XV, elas ainda eram muito populares. Recontadas de geração em geração, ganharam novas personagens e foram enriquecidas pelas mais diversas aventuras. Uma das principais fontes de inspiração para essas histórias foi a religião, pois na época medieval a Europa era profundamente influenciada pelo cristianismo.

Service Historique de la Marine, Château de Vincennes, Paris

A longínqua terra do Brasil, povoada de monstros e diabos, em *Cacodemon atacando os selvagens*, gravura colorida de Théodore de Bry, 1562. In "America tertia pars memorabile provinciae brasiliae historiam contines", 3ª parte das *Grands voyages* (1595), relato de viagem de Hans Staden.

Os mapas medievais

Os mapas da Idade Média traziam desenhadas as três grandes "partes" do mundo que os europeus conheciam: no topo, onde acreditava-se ficar o paraíso terrestre, a Ásia (Oriente), e, embaixo, a Europa e a África. Essas três partes eram separadas por mares muito estreitos e pelos quatro rios considerados sagrados desde os tempos antigos: Ganges, Eufrates, Tigre e Nilo. Na Idade Média, como na Antiguidade, acreditava-se que

Mapa-múndi de Isidoro de Sevilha, 1472.

toda a Terra era cercada por um único oceano, cheio de perigos e habitado por monstros aterrorizantes.

À procura do paraíso terrestre

Uma ideia muito difundida pelos cristãos na Europa durante a Idade Média (séculos V a XV) era a de que o Paraíso nunca havia realmente desaparecido da Terra: ele apenas se tornara inacessível aos seres humanos, depois que Deus de lá expulsara Adão e Eva.

Essa crença levou vários europeus a organizar expedições rumo ao paraíso terrestre, identificado com ilhas fantásticas, lindíssimas, dotadas de uma natureza maravilhosa, onde todos viviam felizes, sem precisar trabalhar. A crença na existência do paraíso terrestre era tão forte na Europa, que Cristóvão Colombo (1451-1506), em sua terceira viagem ao continente americano (1498), acreditou tê-lo visto às margens do rio Orinoco, na Venezuela, na América do Sul. Colombo escreveu: "Creio que ali é o paraíso terrestre, aonde ninguém consegue chegar, a não ser pela vontade divina" (COLOMBO, 1991).

Ilhas encantadas

Os europeus medievais criaram muitas histórias a respeito de ilhas mágicas, algumas delas influenciadas por crenças e símbolos do cristianismo. A mais famosa é a de São Brandão (*c.* 484-*c.* 577), monge irlandês que, depois de fundar um mosteiro na Irlanda, realizou várias viagens marítimas para difundir o cristianismo. Séculos depois de sua morte, o santo figurava como personagem de histórias de viagens e aventuras fantásticas.

DESCRIÇÃO MEDIEVAL DO PARAÍSO TERRESTRE

Santo Isidoro de Sevilha, no século VII, assim descreveu o paraíso:

O paraíso [...] *acha-se plantado de todas as espécies de árvores, em particular de árvores frutíferas, e contém também a árvore da vida: ali o frio e a canícula* são desconhecidos, o ar é sempre temperado. No meio dele surge uma nascente que o irriga inteiramente e que, ao dividir-se, dá origem a quatro rios. Depois do pecado, o acesso a esse lugar é proibido ao homem. Está com efeito rodeado* [...] *por uma parede de fogo, cujas labaredas se elevam ao céu* (DELUMEAU, 1997).

Biblioteca Nacional, Paris

Cristóvão Colombo a bordo de sua caravela, descobrindo a América. Gravura de Jan van der Straet (Johannes Stradanus), século XVI. Nela, é possível observar os monstros marinhos que Colombo teria visto no Atlântico.

Monstros marinhos e terrestres

No final da Idade Média, os europeus continuavam a se perguntar como seriam os habitantes dos lugares que eles desconheciam. Aliada ao medo, a imaginação das pessoas acabou criando seres pavorosos (veja a seção "Conhecendo os monstros medievais", na página 18). Os misteriosos oceanos eram locais imaginados como moradia de monstros sempre prontos a engolir marinheiros e navios. Não admira que, no século XV, quando começaram a desbravar os oceanos, os viajantes europeus sentissem tanto medo do mar!

Coleção particular

Serpente marinha ao redor de um navio. Xilogravura colorida. In "Icones animalium aqualitium", de Konrad von Gesner, 1558.

Service Historique de la Marine, Château de Vincennes, Paris.

Gravura de Théodore de Bry (1562), que representa um monstro marinho (baleia) atacando um navio europeu e partindo-o ao meio. In "Americae tertia pars memorabile provinciae brasiliae historiam contines", 3ª parte das *Grands Voyages* (1595), relato das viagens de Hans Staden.

A LENDA DE SÃO BRANDÃO

São Brandão e outros monges partiram em busca da Terra Prometida. Durante sete anos, enfrentaram monstros marinhos e viveram aventuras incríveis em ilhas diversas: na ilha dos demônios, onde diabos vestidos de vermelho martelavam almas; na ilha das aves falantes; na ilha das árvores que nasciam ao alvorecer e desapareciam assim que o sol se punha; na ilha que era um peixe gigantesco; entre outras.

Finalmente, São Brandão e seus companheiros encontraram o que procuravam: as famosas Ilhas Afortunadas, o arquipélago mais belo do mundo. Povoadas de animais que conviviam em harmonia, as Ilhas tinham uma rica vegetação, com árvores repletas de frutos magníficos, e o chão era calçado com pedras preciosas. As pessoas ali viviam felizes, ninguém sentia sono, fome ou sede.

3. A conquista do oceano Atlântico

Corriam pela Europa do século XV notícias de que, ao sul da linha do Equador, onde fica a África, encontravam-se em abundância ouro, marfim, pimenta e escravos. Na mesma época, por meio de um ativo comércio, chegavam da Ásia, transportados por ricas caravanas e navios, especiarias como cravo, canela, sedas, perfumes, porcelanas, artesanato de luxo e cavalos. Esses produtos eram imensamente valorizados na Europa, e o comércio deles significava a possibilidade de enriquecimento.

The Stapleton Collection

Criaturas marinhas caçadoras em *Venationes ferarum, avium, piscium*. Gravura colorida à mão de Jan Collaert, século XVII, publicada por Phillipus Gallaeus de Amsterdã.

Assim, movidos pela cobiça, alguns europeus decidiram partir em busca da fortuna existente na África e na Ásia. Lançaram-se então no oceano Atlântico, chamado de mar Tenebroso porque se acreditava que nele havia terríveis monstros, que tornavam suas águas tão perigosas quanto as trevas.

Até o século XV, o Atlântico era muito pouco conhecido, não apenas dos europeus, mas também dos árabes, os maiores navegadores da época. O importante viajante e geógrafo árabe Al-Idrisi (c. 1110-65) escreveu sobre esse oceano:

Ignora-se o que existe além do mar Tenebroso; nada se sabe a seu respeito, por causa das dificuldades que a espessura das trevas, a altura das vagas, a frequência das tormentas, a multiplicidade de animais monstruosos e a violência dos ventos opõem à navegação. Há, contudo, nesse grande oceano, grande número de ilhas, habitadas ou desertas, mas nenhum navegante se tem aventurado a atravessá-lo, nem a cortar o mar alto, limitando-se todos a seguir as costas, sem perder, nunca, a terra da vista. (AL-IDRISI. 1944. p. 26-7).

Esses marinheiros do final da Idade Média carregavam no coração coragem suficiente para enfrentar não apenas os enormes perigos do mar, mas também o maior dos inimigos, aquele que se achava dentro de cada um deles: o medo. Medo de despencar no vazio, lá onde suspeitavam que a Terra terminava, de ficar prisioneiros para sempre de alguma sereia...

Em busca de riquezas

Fazia muito tempo que os europeus queriam chegar até as fontes produtoras de riqueza. Desejavam comerciar os produtos diretamente, sem a participação de intermediários, principalmente dos árabes, que, além de dominar a maior parte dos negócios, pertenciam a outra religião, a muçulmana (chamada islamismo), rival do cristianismo. Em 1453, os turcos otomanos — um povo de religião muçulmana — tomaram a cidade de Constantinopla, situada na fronteira entre a Europa e a Ásia e até então em poder dos cristãos. Com isso, os europeus sentiram-se ainda mais estimulados a chegar até as fontes das riquezas asiáticas. Para isso teriam de se lançar ao mar e, em nome da ambição, vencer o terror que tinham das viagens marítimas. Navegar era preciso.

Biblioteca Nacional, Paris.

Detalhe de um atlas catalão de *c.* 1375 mostra caravana de camelos transportando riquezas do Oriente para o Ocidente. Em Carta Catalã publicada por Carlos V da França, atribuído a Abraham e Jafuda Cresques Maiorca.

Museu Nacional de Arte Antiga, Lisboa.

Detalhe do *Políptico de São Vicente* (óleo sobre madeira, c. 1465) mostra o infante D. Henrique, incentivador das navegações portuguesas no século XV, ao lado do jovem príncipe e futuro D. João II.

Portugueses à frente

Quem primeiro se aventurou no oceano Atlântico foram os portugueses, habitantes de um pequeno reino litorâneo da Europa situado na península Ibérica, no extremo oeste do continente. Enquanto quase toda a Europa, no século XV, estava subdividida em dezenas de pequenas regiões rivais entre si, o reino de Portugal já existia desde o século XII, tendo sido o primeiro Estado europeu moderno. Seus habitantes falavam a mesma língua, tinham a mesma religião e obedeciam ao mesmo rei e às mesmas leis e, por isso, puderam crescer e desenvolver-se. Durante as lutas que resultaram na unificação do reino, os portugueses enfrentaram os muçulmanos, que no século VIII haviam invadido e dominado a península Ibérica. Por se tratar de uma guerra religiosa, a Igreja católica, por meio do papa, auxiliou Portugal.

Uma vez expulso o inimigo, os portugueses dedicaram-se a uma nova tarefa: conquistar terras longínquas, no ultramar. Iniciaram, então, a construção de um imenso império.

Etapas da grande aventura portuguesa no Atlântico

A primeira conquista que levou à formação desse império ocorreu em 1415, quando a rica e movimentada cidade de Ceuta, importante centro comercial muçulmano situado no extremo norte da África, foi tomada dos árabes. Depois disso, os portugueses não pararam mais de velejar pelo Atlântico. Sempre navegando rumo ao sul (acompanhe essas viagens no mapa da página 17), foram costeando o litoral africano. As navegações atlânticas levaram os portugueses para muitos lugares, conforme mostra o mapa.

Nas viagens atlânticas, dois obstáculos só foram ultrapassados a muito custo: o cabo Bojador e o cabo da Boa Esperança. Situado próximo ao trópico de Câncer, em meio a fortes correntes marítimas, o cabo Bojador era o limite do mundo conhecido dos europeus. Para além dele, acreditava-se que viviam apenas os terríveis monstros da imaginação popular. Após muitas tentativas frustradas, em 1434 o navegador Gil Eanes conseguiu contorná-lo, realizando um grande feito da navegação portuguesa. O cabo da Boa Esperança, situado no extremo sul da África, entre os oceanos Atlântico e Índico, só foi ultrapassado 54 anos depois, em 1488, por Bartolomeu Dias. As tempestades, os ventos e as correntes que ocorriam nas proximidades desse cabo eram tão fortes, que Bartolomeu Dias deu a ele a denominação *cabo das Tormentas*. Mais tarde o rei D. Manuel rebatizou-o com o nome atual, para simbolizar a esperança dos portugueses em chegar logo às Índias*, que tanto queriam atingir. Mas, para isso, ainda foi preciso muito esforço, coragem e estudos sobre o mar e os navios.

British Library, Londres

Gravura da obra *Civitates orbis terrarum* (1582), de Georgius Braunius e Franz Hohemberg, mostra Ceuta, no Marrocos, a primeira cidade africana conquistada pelos portugueses.

Coleção particular/The Bridgeman Art Library/Keystone

Gravura presente no frontispício de *A luz da navegação*, de Willem Blaeu, publicado em 1612.

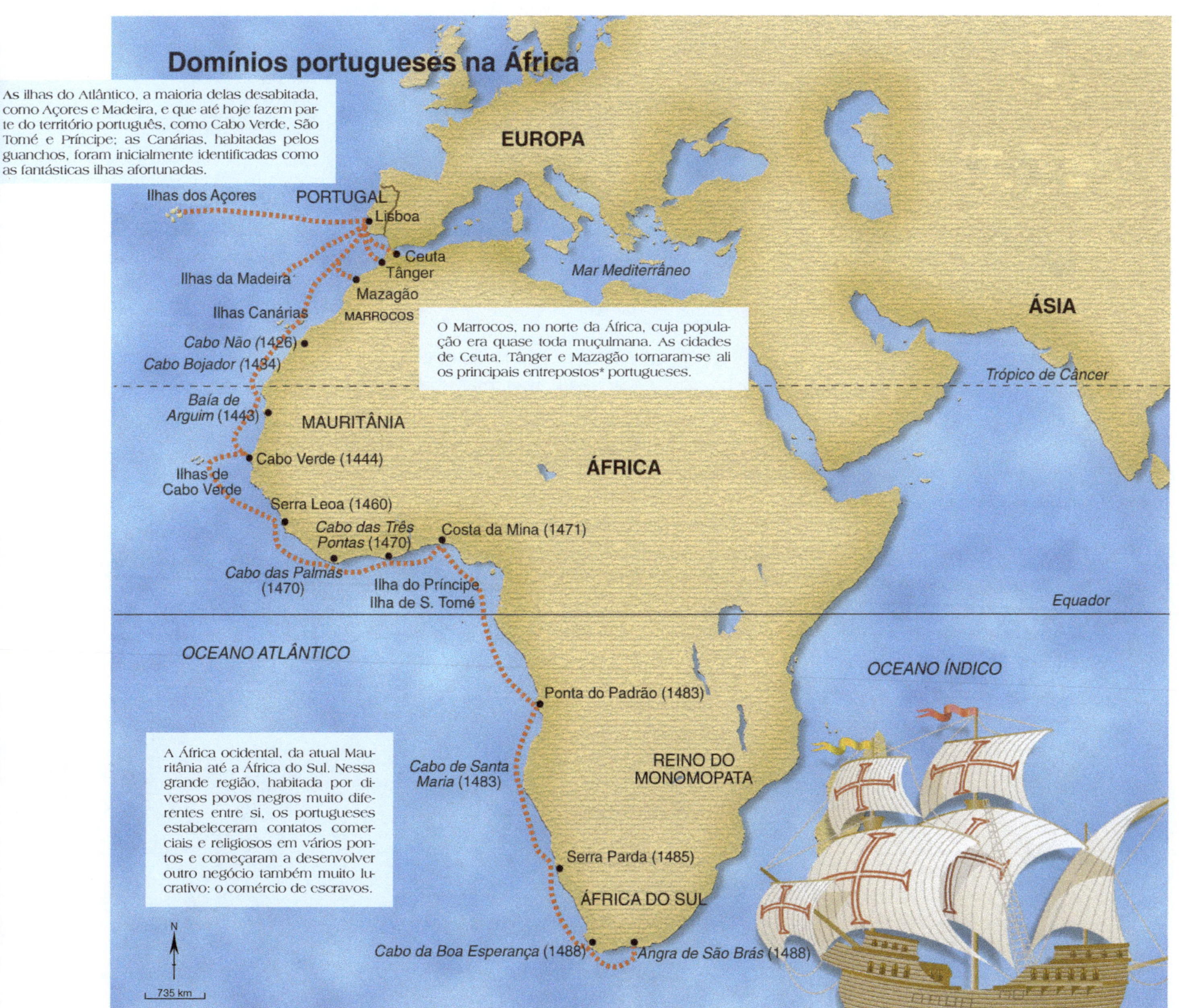

Adaptado de: *Atlas da história do mundo*. São Paulo: Folha da Manhã, 1995, p. 162.

CONHECENDO OS MONSTROS MEDIEVAIS

Unindo figuras de antigas tradições a uma fértil imaginação, os europeus da Idade Média criaram seres monstruosos, habitantes de mares e terras desconhecidas. Ficaram famosas, entre outras, as seguintes figuras:

Acéfalo — Ser humano sem cabeça, com os olhos e a boca geralmente no peito, peludo ou de cor amarela, habitante da Índia ou do interior da África.

Aglosso — Homem sem língua, portanto incapaz de falar, habitante da Etiópia ou do Oriente.

Anfisbena — Enorme serpente de duas cabeças, uma em cada extremidade, e olhos que brilham na escuridão.

Centauro — Ser metade homem e metade cavalo; o centauro-marinho tinha rabo de peixe.

Dragão — Em geral símbolo do demônio, várias eram as espécies existentes: o dragão com asas; o do mar, que engolia as embarcações; ou o meteorológico, nascido da colisão dos ventos, que entrava em combustão quando descia à Terra.

Esfinge — Monstro com cabeça e busto humanos, corpo de leão e asas; matava os viajantes que não decifravam os seus enigmas.

Hermafrodita — Ser metade homem e metade mulher; quando queria procriar, unia as duas metades.

Gigante — Homem de tamanho enorme. Figura muito antiga, encontrada já nos textos bíblicos, sua presença no imaginário popular ultrapassou a Idade Média.

Grifo — Quadrúpede com corpo de leão e asas de águia; originário da Ásia, era muito popular na Idade Média, podendo tan-

Biblioteca Nacional, Paris

Acéfalo

Universidade de Amsterdã

Centauro-marinho

Museu Arqueológico, Delfos/Photo Scala, Florença/Glow Images

Esfinge

to atacar mortalmente os humanos como salvá-los de perigos, no mar e em terra.

Hidra — Os três tipos principais eram: a hidra de Lerna, morta por Hércules; um imenso réptil aquático que atacava marinheiros; e uma grande serpente que guardava os infernos.

Licórnio — Animal de quatro patas e com um chifre no meio da testa. Só podia ser capturado se seu perseguidor estivesse acompanhado por uma virgem, de preferência nua, em cujo colo ele pousava docemente a cabeça. Conhecido também por *unicórnio* ou *monoceros*.

Mulher barbada — Retratada no *Romance de Alexandre*, um dos principais textos medievais sobre monstros, é às vezes mostrada também como careca.

Pé de sombra — Indivíduo com um só e imenso pé, mas que se movia muito depressa, habitante de regiões da África próximas ao Equador. Quando o calor era intenso ou a chuva muito forte, protegia-se deitando-se de costas, esticando a perna e cobrindo o corpo com o enorme pé.

Peixe-voador — Animal enorme e habitante dos oceanos profundos, saía das águas para atacar as embarcações.

Sereia — Figura metade mulher e metade peixe que, por sua extrema beleza, encantava os marinheiros com seu canto e os levava para o fundo do mar, onde os mantinha aprisionados para sempre.

Serpente gigante marítima — Como o dragão, surgia de repente do fundo do mar, virava os navios e devorava os navegantes.

Ser humano colorido — Da união de uma pessoa branca com uma negra resultavam filhos malhados, em preto e branco; existiam também seres humanos vermelhos e verdes.

Pietro Baguzzi/Album/Akg-Images/Latinstock

Hidra

Bodleian Library, Oxford

Licórnio

4. A abertura do mundo

A conquista do Atlântico incentivou os europeus a continuar suas viagens marítimas, desbravando novos mares e oceanos. Partindo em várias direções, em poucas décadas eles conseguiram chegar a todos os continentes e até a dar a volta ao mundo!

O Índico e a Índia

Uma das muitas expedições realizadas por Portugal tinha por objetivo alcançar as Índias pelo mar. Comandada por Vasco da Gama (*c.* 1460-1524), essa expedição partiu de Lisboa em 8 de julho de 1487, contornou o cabo da Boa Esperança e entrou no oceano Índico (acompanhe a viagem no mapa da página 25). Foi a primeira vez que uma esquadra europeia cruzou esse oceano, em cujas águas muitos outros povos — chineses, malaios, indianos, árabes, africanos — costumavam navegar. Os portugueses maravilharam-se com a riqueza e a sofisticação de algumas cidades que encontraram na África oriental, como Melinde (no atual Quênia). O sultão dessa cidade colocou à disposição de Vasco da Gama um experiente piloto, que ajudou o comandante a cruzar o oceano Índico. Em 20 de maio de 1488, oito meses após a partida de Lisboa, a esquadra portuguesa chegou à cidade de Calicute, na Índia. O sonho de alcançar as Índias por mar estava finalmente concretizado.

A chegada à cobiçada, mítica e movimentada Índia, berço de culturas muito antigas e centro mundial

Museu do Conde Castro Guimarães, Cascais

Iluminura de Duarte Galvão (códice em pergaminho, começo do século XVI) mostrando o porto de Lisboa, com seu intenso movimento de navios. Em *Crónica del Rey D. Affonso Henriques primeiro rey destes regnos de Portugal.*

do comércio de especiarias e de muitos outros produtos de alto valor (ouro, marfim, pedras preciosas, sedas etc.), repercutiu intensamente na Europa e transformou Portugal na mais rica e influente nação europeia.

Do outro lado do Atlântico, a América

A exemplo de Portugal, o reino vizinho da Espanha também se lançou à conquista marítima. A Espanha resultou da união de vários reinos independentes, como os de Castela e Aragão — unificados em 1469 com o casamento de seus reis, Isabel e Fernando — e o de Granada, conquistado aos muçulmanos em 1492.

No mesmo ano da conquista de Granada, os reis da Espanha e alguns mercadores decidiram financiar a viagem de Cristóvão Colombo, piloto genovês insistente que, havia sete anos, tentava convencê-los do acerto do seu plano de navegação. O plano de Colombo, oferecido anteriormente ao rei de Portugal — e rejeitado por ele — consistia em alcançar as Índias por um caminho que, em vez de contornar a África, seguia na direção oeste, cruzando o Atlântico. Em seus estudos para comprovar a viabilidade de sua proposta, Colombo tinha calculado a extensão do Atlântico, mas estimara-a cerca de 25% menor do que era na realidade.

Colombo saiu da Espanha em 3 de agosto de 1492 (acompanhe a rota no mapa da página 25), comandando uma pequena esquadra de três navios — a nau *Santa Maria* e as caravelas *Pinta* e *Niña* —, disposto a percorrer um caminho marítimo totalmente desconhecido. Mais de dois meses depois, em 12 de outubro de 1492, após viagem difícil, avistou terra: era a ilha de São Sal-

Monastério de La Rabida, Andaluzia, Espanha

Partida de Santa Maria, Pinta e Niña de Palos em 1492, óleo sobre tela de Antonio Cabral Bejarano, 1492. A expedição retratada na tela foi chefiada por Colombo e partiu da cidade de Palos, na Espanha.

Mapa da Arábia e da Índia no *Atlas Miller*, de Lopo Homem, Pedro e Jorge Reinel, *c.* 1519.

Biblioteca Nacional, Paris

vador, nas atuais Bahamas, na América Central. Em vez das sonhadas Índias, Colombo encontrara um continente desconhecido dos europeus!

Apesar de ter feito mais três viagens à América, Cristóvão Colombo morreu certo de haver chegado às Índias. O grande navegador não chegou a perceber a importância e o real significado de sua proeza. Sua viagem desbravou o Atlântico ocidental, deu início à conquista e à colonização da América — com consequências dramáticas para os povos americanos — e possibilitou à Espanha tornar-se dentro de pouco tempo uma potência marítima e comercial tão poderosa quanto Portugal ou mais.

No meio do caminho, o Brasil

Pouco depois de Vasco da Gama retornar de sua primeira viagem à Índia, o rei de Portugal, interessado no comércio com aquele país, mandou às terras indianas uma grande esquadra, comandada por Pedro Álvares Cabral (1467-1520). Partindo de Lisboa em 9 de março de 1500, a frota afastou-se da costa da África, chegando um mês e meio depois, em 22 de abril de 1500, ao Brasil, na costa da Bahia. Sem que os portugueses soubessem, acabavam de alcançar o território americano, onde viviam muitos povos.

Cabral permaneceu mais de uma semana nessa terra, onde estabeleceu contato com os indígenas. Antes de tomar novamente o rumo da Índia, enviou um navio de volta a Portugal com a notícia do achamento da terra, que, pensando tratar-se de uma ilha, chamou de *Ilha de Vera Cruz*. Cabral ficou na Índia durante quatro meses, negociando, enfrentando ataques e bombardeando a cidade de Calicute. A convivência entre os povos dos vários continentes, aproximados pelas navegações, revelava-se tão difícil quanto a conquista dos mares ou mais.

Representação do estreito de Magalhães, na região da Patagônia. In. *Viagens de Magalhães*: uma narrativa da primeira circum-navegação, de Antonio Pigafetta, volume 2.

Rare Books Division/Beinecke Rare Book & Manuscript Library

O Pacífico e a volta ao mundo

O navegador português Fernão de Magalhães (1480-1521) propôs à Espanha, em 1518, um plano audacioso: encontrar uma passagem à oeste, entre os oceanos Atlântico e Pacífico, e chegar às ricas ilhas Molucas. Esse plano parecia menos difícil de ser realizado do que de fato o era, porque Magalhães, como muitos europeus da época, não supunha que o oceano Pacífico fosse tão extenso.

As ilhas Molucas, localizadas na atual Indonésia, eram um grande centro comercial e produtor de especiarias, principalmente de cravo. Fernão de Magalhães fora informado de sua existência pelo também português Francisco Serrão (?-1521), que, navegando, alcançara-as em 1511.

A Espanha concordou em financiar a expedição de Magalhães, pois estava interessada no comércio com as Molucas. Fernão de Magalhães partiu em 20 de setembro de 1519, com cinco navios e 265 homens. Chegou ao Rio de Janeiro em dezembro do mesmo ano, permanecendo dois meses no Brasil.

Do Brasil, Magalhães (acompanhe a rota na página 25) dirigiu-se para o extremo sul da América do Sul, em busca da passagem para o oceano Pacífico. Após um grande motim — só controlado com a decapitação de um capitão e o abandono de outro em uma praia deserta —, a esquadra finalmente encontrou a estreita passagem para o Pacífico, mais tarde denominada *estreito de Magalhães*. A travessia da passagem demorou um mês e foi feita em meio a fortes tempestades.

Service Historique de la Marine, Château de Vincennes, Paris

Gravura de Théodore de Bry (1548) retratando o que os europeus pensavam sobre o Brasil: os nativos tinham vida longa, andavam nus, viviam em cabanas e comiam carne humana. In "Americae tertia pars memorabile provinciae brasiliae historiam contines", 3ª parte das *Grands Voyages* (1595), relato das viagens de Hans Staden.

O BRASIL E OS PRIMEIROS BRASILEIROS

Antonio Pigafetta (c. 1491-c.1534), um veneziano que participou da expedição de Fernão de Magalhães, escreveu um relato sobre a viagem. Tratando do Brasil e da gente que o habitava, ele relatou:

A terra do Brasil, tão abundante em toda classe de produtos, é tão extensa como França, Espanha e Itália juntas. Pertence ao rei de Portugal. Os brasileiros [...] vivem muito tempo. Os velhos chegam ordinariamente até os 125 anos e algumas vezes até os 140. Andam completamente nus, tanto os homens como as mulheres. Suas habitações consistem em espaçosas cabanas [...] e dormem sobre malhas de fio de algodão presas nos extremos a grossas vigas. [...] Comem algumas vezes carne humana, porém somente a de seus inimigos. (PIGAFETTA, 2006).

British Library, Londres

Detalhe do mapa *Maris Pacifici*, de Abraham Ortelius, 1598, mostra o navio *Vitória*, o único da frota de Fernão de Magalhães a retornar da viagem de volta ao mundo.

Já no Pacífico, a esquadra vagou perdida por terríveis 110 dias. Sem reabastecimento dos navios, muitos homens morreram antes da chegada ao arquipélago das ilhas Marianas e depois ao das Filipinas.

Na ilha filipina de Cebu, Henrique, um escravo pertencente a Fernão de Magalhães, conseguiu conversar com o chefe local. Ambos falavam a mesma língua, pois o escravo nascera em Sumatra (atual Indonésia), que fica próximo às Filipinas. Henrique, o escravo indonésio, foi, portanto, um dos primeiros homens a dar a volta ao mundo.

Durante um combate nas Filipinas, Fernão de Magalhães foi morto. Sob o comando de Sebastião Elcano (1476-1526), que assumiu o posto de capitão-mor, os sobreviventes conseguiram retornar à Espanha. Ali chegaram em 6 de setembro de 1521, três anos após a partida, reduzidos a dezoito homens e a um único navio, o *Vitória*.

A primeira viagem ao redor do mundo encerrou o mais espetacular capítulo da história das navegações e do domínio dos mares. Daí em diante, todos os continentes habitados do mundo estavam ligados uns aos outros.

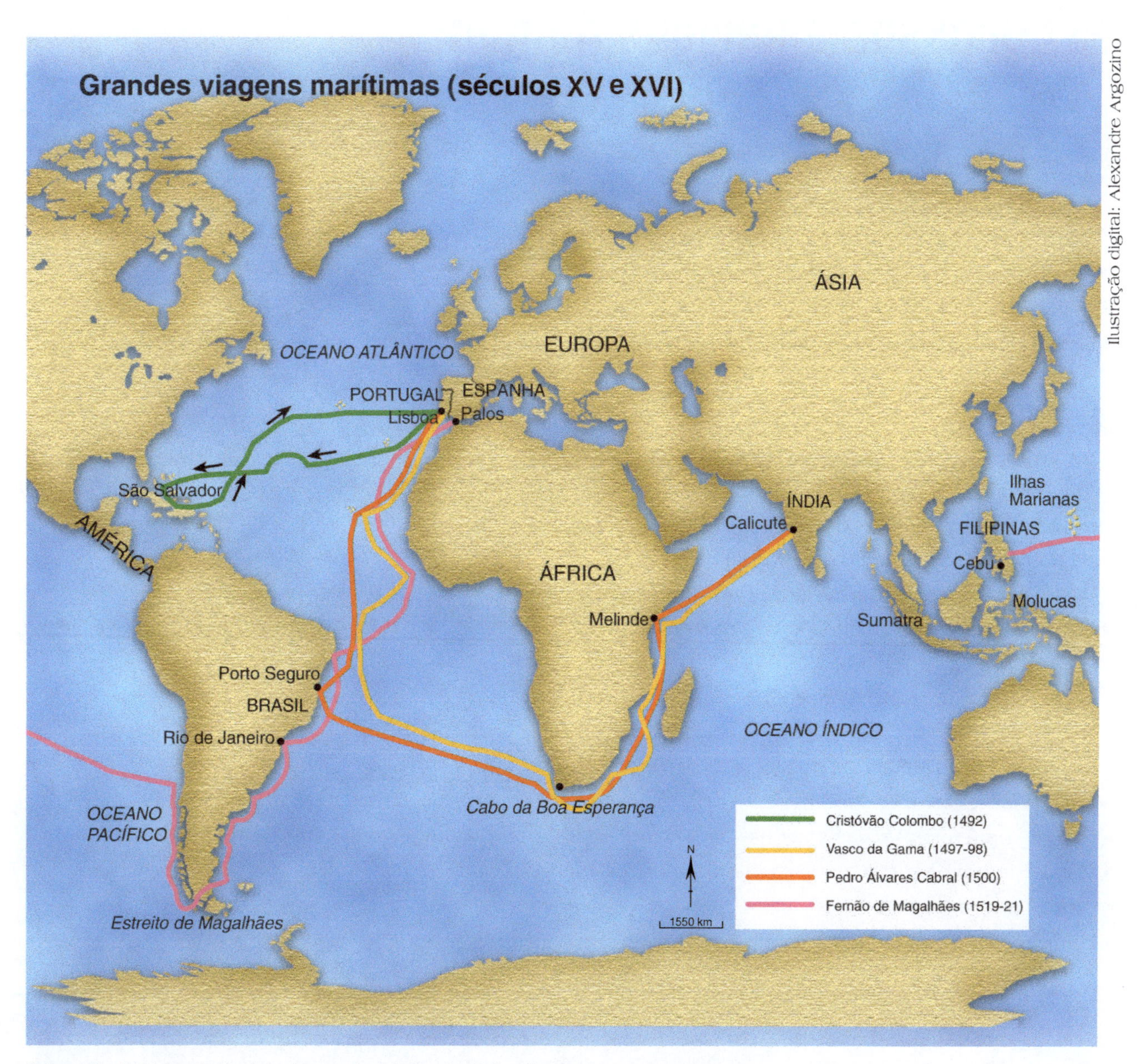

Adaptado de: *Atlas da história do mundo*. São Paulo: Folha da Manhã, 1995, p. 152-153.

5. Progressos e perigos no mar

Como os europeus conseguiram realizar as viagens oceânicas? Como foram capazes de localizar-se, para chegar até o outro lado do mundo e depois retornar para casa? Será que os marinheiros perderam o medo que tinham do mar?

Os novos navios

Para navegar em alto-mar, foi preciso inventar novos navios, diferentes das galés (embarcações compridas e movidas a remo usadas nos mares fechados). Os responsáveis por esse invento foram os portugueses, que criaram a caravela. As caravelas tinham muitas características favoráveis à navegação, veja algumas delas a seguir:

- **Forte**, para enfrentar o mar alto, as correntes e as tempestades.
- **Pequena** (cerca de 20 metros de comprimento), leve e rasa, para explorar os litorais.
- **Rápida**, para fazer longas viagens.
- **Capaz de navegar em zigue-zague**, para enfrentar os ventos contrários.
- **Dotada de bom espaço interno**, para carregar tripulação e carga.

Arquivos da Torre do Tombo, Lisboa

Miniatura de 1513 mostrando frota portuguesa.

A VELA REDONDA QUE ERA QUADRADA

O sucesso das caravelas na navegação em alto-mar devia-se principalmente ao seu velame, isto é, ao seu conjunto de velas. A maioria utilizava dois tipos diferentes de velas: as latinas e as redondas. As velas latinas, triangulares, permitiam viajar à bolina, ou seja, em zigue-zague, fazendo a caravela avançar mesmo com ventos contrários. Já as enormes velas redondas — que na verdade eram quadradas, denominando-se "redondas" porque, quando o vento soprava, assumiam uma forma arredondada — faziam a caravela avançar rápido, quando o vento estava a favor.

Os instrumentos de navegação

Os principais instrumentos náuticos de orientação eram conhecidos dos árabes e dos povos orientais havia muito tempo, mas só se difundiram na Europa a partir do século XV. Esses instrumentos, aperfeiçoados pelos europeus, permitem calcular, tanto de dia como de noite, a latitude, ou seja, a distância em relação à linha do Equador. Os mais utilizados à época das grandes navegações eram os seguintes:

Balestilha — Instrumento utilizado nas navegações a partir do século XVI para observar a altura dos astros. Manejada por uma só pessoa, consistia em uma régua graduada, o *virote*, sobre a qual deslizava uma peça, a *soalha*, em ângulo reto. Para utilizá-la, o navegador posicionava uma das extremidades da régua em frente aos olhos e deslizava a soalha até ela estar alinhada com o Sol ou com outra estrela.

Ampulheta — Relógio de areia muito antigo, formado por dois cones ocos de vidro, cujos vértices se comunicam por um buraco que permite a passagem de areia. Nas viagens oceânicas, grumetes* ficavam encarregados de virar a ampulheta logo que a areia do cone de cima acabasse de escoar. Alguns deles "comiam areia", isto é, viravam a ampulheta antes de acabar toda a areia, para terminar mais rápido o seu turno de trabalho.

Album/Akg-Images/Latinstock

Astrolábio — Serve para medir, em terra ou no mar, a altura do Sol e, com base nesse dado, calcular a latitude. Instrumento antigo, pesado, consistia em um círculo de metal graduado, sobre o qual corria uma régua. Seu manuseio exigia a participação de duas pessoas: uma suspendia-o na altura dos olhos, alinhando a régua com o Sol, enquanto a outra lia os graus marcados no círculo. Era difícil utilizá-lo no mar, pois o balanço das ondas induzia a erros nos cálculos.

Bússola — O mais importante dos instrumentos náuticos, a bússola foi inventada pelos chineses e levada para o Ocidente pelos árabes. A agulha magnetizada da bússola aponta sempre para o norte magnético, que corresponde aproximadamente ao norte geográfico. Na caixa da bússola usada pelos antigos navegantes, aparecia desenhada uma rosa dos ventos, indicando até 32 direções. Uma comprovação da importância desse instrumento é o fato de Fernão de Magalhães ter levado 35 agulhas de bússola na viagem em que deu a volta ao mundo.

National Maritime Museum, Londres/
The Bridgeman Art Library/Keystone

Quadrante náutico — Correspondente à quarta parte do astrolábio — portanto menor e mais leve que esse instrumento —, o quadrante náutico possibilitava determinar a latitude tanto pela altura do Sol como pela da estrela Polar, à noite. Começou a ser usado pelos portugueses por volta de 1456.

Coleção particular/The Bridgeman Art Library/Keystone

Coleção particular/The Bridgeman Art Library/Keystone

Sextante — Instrumento que passou a ser usado no lugar do astrolábio para medir a altura dos astros.

Service Historique de la Marine, Château de Vincennes, Paris

Partida de Lisboa para o Brasil, as Índias Orientais e América, gravura de Théodore de Bry, 1592. In "Americae tertia pars memorabile provinciae brasiliae historiam contines", 3ª parte das *Grands Voyages* (1595), relato das viagens de Hans Staden.

Os mapas modernos

Aos poucos, os fantasiosos mapas medievais foram sendo substituídos por mapas mais precisos, capazes de melhor orientar os viajantes, como exigiam os novos tempos. Os mapas modernos impulsionaram as viagens oceânicas, apontando caminhos aos europeus em terra e no mar.

À medida que as viagens continuaram, os mapas iam incorporando as descobertas feitas pelos viajantes. O contorno do sul da África ficou claro, o oceano Índico e os litorais nele existentes foram registrados, a América aos poucos foi ocupando seu espaço, e os oceanos Atlântico e Pacífico ganharam dimensão real. E surgiram os globos terrestres, a representação material do planeta. Pequenos e bonitos, eles exibiam diante dos olhos extasiados dos europeus a Terra inteira, com seus mares e oceanos e as terras recentemente conquistadas.

Perigos no mar

Com os progressos ocorridos na construção de navios e o aperfeiçoamento dos instrumentos náuticos e dos mapas, seria de supor que as viagens por mar tivessem deixado de ser perigosas e que os marinheiros europeus tivessem perdido o medo dos mares. Isso, no entanto, não ocorreu.

Embora mais seguras, as viagens marítimas continuaram por muito tempo a oferecer imensos desafios aos navegantes. As tempestades, as geleiras, as ondas gigantescas e as calmarias prolongadas representavam problemas graves, enfrentados praticamente em todas as viagens. Estragos nos navios eram frequentes, assim como a desorientação dos pilotos, que muitas vezes se perdiam, pois as rotas eram novas e difíceis, e os instrumentos de orientação, ainda precários. Os naufrágios eram, por isso, numerosos.

E logo surgiu a pirataria. Piratas ficavam a postos nos oceanos, prontos para atacar as embarcações carregadas de produtos caros, de especiarias e de metais preciosos. Além disso, devido ao desconforto das viagens, à falta de higiene e à alimentação inadequada, muitos marinheiros morriam a bordo.

GRANDES NAVEGAÇÕES

As chamadas grandes navegações são até hoje um dos temas mais importantes para os portugueses. Fernando Pessoa (1888-1935), poeta português e um dos principais escritores do século XX, escreveu estes versos:

MAR PORTUGUÊS

Ó mar salgado, quanto do teu sal
São lágrimas de Portugal!
Por te cruzarmos, quantas mães choraram
Quantos filhos em vão rezaram!
Quantas noivas ficaram por casar
Para que fosses nosso, ó mar

Valeu a pena? Tudo vale a pena
Se a alma não é pequena.
Quem quer passar além do Bojador
Tem que passar além da dor.
Deus ao mar o perigo e o abismo deu,
Mas nele é que espelhou o céu. (PESSOA, 1998)

Quando uma caravela partia, nunca se sabia se regressaria. Por isso, o medo dos mares continuou existindo — não mais ligado à presença de monstros e ilhas fantásticas, e sim à força dos fenômenos da natureza, à fragilidade das embarcações, ao receio de doenças graves e ao temor dos piratas.

Coleção particular

VOCÊ SABIA...?

A existência do paraíso terrestre foi ideia comum a várias civilizações e religiões. Por volta de 2500 a.C., os sumérios já se referiam à terra mágica de Dilmun, onde todos viviam sem pecado e em completa felicidade. A procura do paraíso terrestre incentivou muitas viagens marítimas.

No livro *Viagens de Mandeville*, do século XIV, John Mandeville assim descreveu o paraíso terrestre: "fica no Oriente e no começo da Terra. E é tão alto que aflora de perto o círculo da lua. O paraíso terrestre é rodeado em toda a volta por um muro [...] e só tem uma entrada, que está cercada de fogo ardente".

Apesar das dificuldades técnicas que enfrentavam, os povos antigos foram grandes navegadores. Quinhentos anos antes de Cristo, os cartagineses saíam de Cartago, na atual Tunísia, norte da África, e navegavam por todo o mar Mediterrâneo, costeando também o litoral africano ocidental.

Segundo alguns textos gregos, a bela Afrodite (Vênus), deusa do amor e da fertilidade, nasceu da espuma do mar. Ela foi criada do sêmen do deus Urano (o Céu), derramado sobre o mar.

O geógrafo romano Plínio, o Velho (23 d.C.-79 d.C.), que viveu na mesma época de Jesus Cristo, afirmou que os mais pavorosos monstros se encontram no mar, pois aí o vento e as ondas misturam sementes e embriões ao acaso.

Viajando pelo Atlântico no século X, os *vikings*, povo da Escandinávia, chegaram à Islândia, à Groenlândia e, ao que parece, também à América do Norte.

Lambert de Saint-Omer escreveu, entre 1090 e 1120, a obra *Liber floridus* (ou Livro das flores): "No Oriente [...] existem hermafroditas que possuem os dois sexos, gigantes, gente que tem um pequeno orifício na boca, vivendo de líquidos, e gente sem língua, que só fala por meio de sinais".

O popular *Livro das maravilhas* de Marco Polo, relatando suas viagens à Ásia e as riquezas que ali encontrara, incentivou os europeus a descobrirem rotas marítimas para alcançar o continente asiático.

O rei de Portugal — que Cristóvão Colombo tentara em vão, durante nove anos, convencer a patrocinar sua viagem —, quando tomou conhecimento do êxito do grande navegador, apoiado pela Espanha, teria culpado a si próprio, gritando: "Oh, homem de pouco conhecimento! E porque deixaste de mão empresa de tão grande importância?".

O navegador veneziano Luís de Cadamosto, no livro *Viagens*, de 1455, escreveu: "As caravelas de Portugal são os melhores navios que andam no mar".

Cristóvão Colombo realizou quatro viagens à América. Morreu em 1506, aos 55 anos de idade, pobre, doente e esquecido.

Fernão de Magalhães viveu sete anos na Índia, antes da sua viagem de volta ao mundo.

No brasão do navegador espanhol Sebastião Elcano, que terminou a viagem iniciada por Fernão de Magalhães, sob o desenho de um globo terrestre está escrito: "Tu foste o primeiro a me circum-navegar".

A impressão de mapas, possível desde a invenção da imprensa no século XV, deu grande impulso e popularidade à cartografia moderna, essencial, por sua vez, para as grandes navegações.

VOCABULÁRIO

CANÍCULA — Calor intenso; época do ano em que a estrela Sírio está em conjunção com o Sol.

ENTREPOSTO — Lugar importante como centro de comércio; à época das grandes navegações, também o lugar onde se fazia o reabastecimento dos navios.

GRUMETE — Marinheiro muito jovem, geralmente criança ou adolescente, que fazia os serviços menos especializados a bordo.

ÍNDIAS — Denominação genérica usada pelos europeus até o século XIX para se referir a regiões da Ásia, como a Ásia meridional e o Sudeste Asiático.

NINFA — Na mitologia grega, jovem de grande beleza, em geral habitante dos bosques.

TRITÃO — Ser metade homem, metade peixe. É o equivalente masculino da sereia.

QUER SABER MAIS?

Se você quer aprender mais sobre os assuntos tratados neste livro:

Leia

• Os outros volumes da coleção **Nas Ondas da História**, publicada pela Editora Atual, escritos também por Janaína Amado e Luiz Carlos Figueiredo. Nesses livros você aprenderá mais, de um jeito divertido, sobre as grandes navegações e suas incríveis histórias, as aventuras emocionantes de Pedro Álvares Cabral, Vasco da Gama e Américo Vespúcio, assim como sobre as fascinantes viagens das especiarias e dos alimentos pelo mundo, ao longo do tempo.

Veja

• Filmes que tratam das grandes expedições de conquista dos mares e oceanos, como *1492*: a conquista do paraíso, dirigido por Ridley Scott, com Gérard Depardieu, e *Histórias de Portugal*: os descobrimentos portugueses, de José Hermano Saraiva.

Acesse

• Há também muitos *sites* que você mesmo pode pesquisar na internet, com imagens e informações interessantes, e que podem complementar os assuntos tratados neste livro. Alguns deles são:

• Centro Virtual Camões (CVC), do Instituto Camões. Disponível em: <www.cvc.instituto-camoes.pt/conhecer/bases-tematicas/navegacoes-portuguesas.html>. Acesso em: 9 maio 2013.

• Dossiê "Descobrimentos", da edição 84 da *Revista de História*. Disponível em: <www.revistadehistoria.com.br/revista/edicao/84> Acesso em: 9 maio 2013.

REFERÊNCIAS BIBLIOGRÁFICAS

AL-IDRISI. As peregrinações de um curioso que foi explorar as maravilhas do mundo. Apud SOUSA, Marcondes de. *O desenvolvimento da América*. São Paulo: Brasiliense, 1944.

AMADO, Janaína; FIGUEIREDO, Luiz Carlos. *Brasil 1500*: quarenta documentos. Brasília: Editora da UnB, 2001.

ATLAS da história do mundo. São Paulo: Folha da Manhã, 1995.

COLOMBO, Cristóvão. *Diários da descoberta da América: as quatro viagens e o testamento*. Tradução de Milton Persson. Porto Alegre: L&PM, 1991.

DELUMEAU, Jean. *Mil anos de felicidade*: uma história do paraíso. São Paulo: Companhia das Letras, 1997.

FURTADO, Junia Ferreira (Org.). *Sons, formas, cores e movimentos na modernidade atlântica*: Europa, América e África. São Paulo: Annablume, 2008. v. 1.

GIL, José. *Monstros*. Lisboa: Editora Relógio d'Água, 2006.

MICELI, Paulo. *O desenho do Brasil no Teatro do Mundo*. Campinas: Editora da Unicamp, 2012.

PESSOA, Fernando. *Mensagem*. São Paulo: Companhia das Letras, 1998.

PIGAFETTA, Antonio. *A primeira viagem ao redor do mundo*. Porto Alegre: L&PM, 2006.

PLATÃO. *Timeu-Crítias*. Tradução de Rodolfo Lopes. Coimbra: Centro de Estudos Clássicos e Humanísticos, 2011.

PERIGOS REAIS E IMAGINÁRIOS NAS NAVEGAÇÕES

JANAÍNA AMADO LUIZ CARLOS FIGUEIREDO

Nome ____________________

Escola ____________________ Ano ____________ Nº ____________

SUPLEMENTO DE TRABALHO

Depois de ter lido os perigos e as aventuras que envolviam as viagens feitas pelos europeus nos séculos XV e XVI, nas quais, em busca de fortuna, eles enfrentaram oceanos desconhecidos, verifique se você compreendeu as passagens importantes de *Medo e vitória nos mares*.

1. Quais eram os meios de locomoção mais usados pelos europeus no século XV?

2. Como era a visão medieval a respeito da Terra? Como ela era representada?

3. Como o paraíso terrestre era descrito na Idade Média?

4. Supondo que o paraíso terrestre existisse, como ele seria, para você?

5. Por que os navegadores europeus tinham tanto medo do mar?

6. Por que o oceano Atlântico era chamado de *mar Tenebroso*?

7. O que levou os navegadores europeus a enfrentar os perigos dos oceanos a partir do século XV?

8. Sobre o cabo Bojador e o cabo da Boa Esperança responda:

a) Onde eles se situam?

b) Por que era difícil passar para além desses cabos?

c) Quais foram os navegadores que primeiro conseguiram realizar essa façanha?

9. Desenhe numa folha de papel um monstro medieval, tendo por base as descrições das páginas 18 e 19.

10. Por que chegar à Índia foi uma grande conquista dos portugueses?

11. Qual a diferença entre as trajetórias realizadas por Vasco da Gama e Colombo para atingir o Oriente?

12. Por que navegar em caravela era mais vantajoso do que em galé?

13. Para que serviam o astrolábio e a balestilha?

14. Por que os mapas se tornaram mais precisos com as navegações oceânicas?

15. Uma vez comprovado que os monstros marinhos não existiam, que perigos reais continuaram atemorizando os marinheiros?

16. Explique por que a convivência entre os povos revelou-se mais difícil do que a conquista dos mares.

17. Tendo por base a leitura do livro e outras informações que você tem, forme uma dupla com um colega e criem um possível diálogo entre dois jovens europeus do século XV. Falando de medos e vitórias nos mares, um dos jovens deve mostrar-se entusiasmado com as navegações e o outro deve lembrar os perigos que elas envolvem. Representem para os colegas a cena da conversa.

____

____

____

____

____

____

18. Observe a ilustração abaixo, que representa uma sala de estudos de assuntos náuticos. Descreva o que você vê.

Coleção particular/The Bridgeman Art Library/ Keystone

____

____

____

____

____

____

19. Resolva esta cruzadinha:

1							A					
			2				T					
			3				L					
			4				A					
				5			N					
6							T					
						7	I					
		8					C					
	9						O					

1 — Tipo de vela que possibilitava rápidos deslocamentos quando o vento soprava a favor.

2 — Um dos instrumentos de navegação; substituiu o astrolábio na observação da altura dos astros.

3 — Grande geógrafo grego, elaborou os melhores mapas da Antiguidade.

4 — Nome do navegador que comandava a expedição que circundou a Terra pela primeira vez, tendo morrido na viagem.

5 — Ser metade homem e metade cavalo.

6 — Nome da deusa grega do amor.

7 — Oceano navegado pela primeira vez por um europeu em 1488.

8 — Cidade indiana que era um importante centro de comércio de especiarias.

9 — Deus do mar para os romanos.